Líderes de la comunidad

Salima Alikhan, M.F.A.

Asesoras de contenido

Jennifer M. Lopez, M.S.Ed., NBCT
Coordinadora superior, Historia/Estudios sociales
Escuelas Públicas de Norfolk

Tina Ristau, M.A., SLMS
Maestra bibliotecaria
Distrito Escolar de la Comunidad de Waterloo

Asesoras de iCivics

Emma Humphries, Ph.D.
Directora general de educación

Taylor Davis, M.T.
Directora de currículo y contenido

Natacha Scott, MAT
Directora de relaciones con los educadores

Créditos de publicación

Rachelle Cracchiolo, M.S.Ed., *Editora*
Emily R. Smith, M.A.Ed., *Vicepresidenta de desarrollo de contenido*
Véronique Bos, *Directora creativa*
Dona Herweck Rice, *Gerenta general de contenido*
Caroline Gasca, M.S.Ed., *Gerenta general de contenido*
Fabiola Sepulveda, *Diseñadora gráfica de la serie*

Créditos de imágenes: pág.10 Kansas Historical Society; pág.11 Allison Dinner/ZUMA press/Newscom; pág.15 Saeed Khan/Colaborador de Getty Images; pág.17 Xochitl Neri; pág.19 Kimberly Cabrera; pág.21 Martha Rial; pág.22 Cyrus McCrimmon/Colaborador de Getty Images; pág.23 Giulio Napolitano/Shutterstock; págs.24-25 Alen Thien/Shutterstock; todas las demás imágenes cortesía de iStock y/o Shutterstock

Library of Congress Cataloging-in-Publication Data

Names: Alikhan, Salima, author. | iCivics (Organization), issuing body.
Title: Líderes de la comunidad / Salima Alikhan.
Other titles: Leaders in the community. Spanish
Description: Huntington Beach, CA : Teacher Created Materials, [2022] | "iCivics"--Cover. | Audience: Grades 2-3 | Summary: "What are community leaders? They are people who help run our towns and cities. They help in big and small ways. They solve problems and create new ideas. Every community has leaders!"-- Provided by publisher.
Identifiers: LCCN 2021039386 (print) | LCCN 2021039387 (ebook) | ISBN 9781087622668 (paperback) | ISBN 9781087623986 (epub)
Subjects: LCSH: Civic leaders--Juvenile literature. | Community leadership--Juvenile literature.
Classification: LCC HN42 .A5518 2022 (print) | LCC HN42 (ebook) | DDC 303.3/4--dc23

Se prohíbe la reproducción y la distribución de este libro por cualquier medio sin autorización escrita de la editorial.

5482 Argosy Avenue
Huntington Beach, CA 92649-1039
www.tcmpub.com

ISBN 978-1-0876-2266-8
© 2022 Teacher Created Materials, Inc.

El nombre "iCivics" y el logo de iCivics son marcas registradas de iCivics, Inc.

Contenido

¿Qué es un líder de
la comunidad?........................ 4

⭐Salta a la ficción:⭐
¡Ayuda para la estación
de bomberos!......................... 6

Tipos de líderes..................... 10

¿Podrías hacerlo?.................. 24

Glosario 26

Índice 27

Civismo en acción 28

¿Qué es un líder de la comunidad?

¿Qué es un líder? Un líder es alguien que ayuda a los demás. Todo tipo de personas pueden ser líderes. Los líderes pueden ser ruidosos o silenciosos. Pueden ser divertidos o serios. Pueden ser de cualquier género. Pueden ser de cualquier edad.

Las comunidades son lugares donde las personas viven y trabajan juntas. Los líderes de una comunidad ayudan a resolver problemas. Ayudan a mejorar las escuelas, los pueblos y las ciudades.

Los líderes trabajan para cuidarnos.

Estos líderes plantan un árbol en su comunidad.

Salta a la ficción

¡Ayuda para la estación de bomberos!

La estación de bomberos de la ciudad es vieja. El equipamiento que usan los bomberos también es viejo. A veces, las mangueras contra incendios se rompen. Los camiones son muy lentos. Es difícil para los bomberos hacer su trabajo.

La alcaldesa Bell va a ver a los bomberos. Está de acuerdo con ellos. Les dice:

—Su equipamiento es muy viejo.

La alcaldesa Bell se reúne con el Consejo de la Ciudad.

—Los bomberos necesitan equipamiento nuevo —les dice.

El consejo vota. Están de acuerdo con la alcaldesa. Los bomberos recibirán camiones nuevos. También tendrán equipamiento nuevo.

Los bomberos están agradecidos. ¡Esto los ayudará a hacer su trabajo!

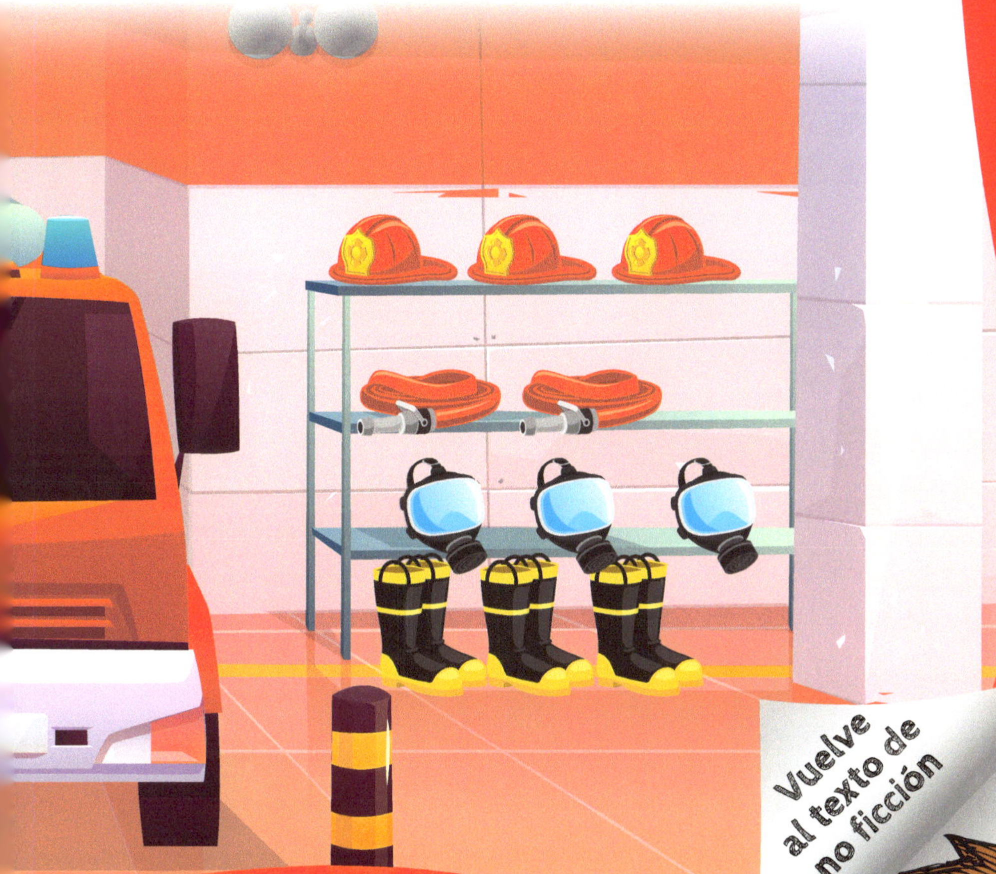

Vuelve al texto de no ficción

Tipos de líderes

Hay muchos tipos de líderes en una comunidad.

Alcaldes

Las ciudades y los pueblos necesitan a alguien que los guíe. Ese líder se llama *alcalde*. Las personas pueden **votar** al alcalde. O el alcalde puede ser elegido por un consejo.

Los alcaldes ayudan a hacer las leyes locales. Se aseguran de que la ciudad o el pueblo tenga dinero para arreglar las cosas. Los habitantes pueden pedirle al alcalde que escuche lo que necesitan.

Liderar el camino

La primera mujer en ser alcaldesa fue Sussana Madora Salter. Fue elegida en Argonia, Kansas, en 1887.

Pete Buttigieg es un exalcalde famoso.

Piensa y habla

¿Por qué los líderes deben escuchar al público?

Entrenadores

Los entrenadores son los líderes de los equipos deportivos. Enseñan a practicar deportes. Ayudan a los deportistas a dar lo mejor de sí. Los ayudan a aumentar la **confianza** en sí mismos. Los ayudan a hacer un buen **trabajo en equipo**.

Los entrenadores tienen que ser positivos. Ayudan a los equipos a divertirse. Los deportistas confían en sus entrenadores para que los ayuden a mejorar. Para ser entrenador se necesita mucho esfuerzo.

Voluntarios

Muchas personas quieren ayudar a su comunidad. Entonces trabajan como voluntarios. Eso significa que ayudan sin que se les pague. Ayudan de muchas maneras. Algunos ayudan en un **refugio** de animales. O llevan alimentos a quienes no tienen suficiente para comer.

Trabajar como voluntario es una buena manera de ayudar en tu comunidad.

Ayudar a los animales

En 2020, hubo unos incendios en Australia que pusieron a los animales en peligro. Muchas personas se ofrecieron como voluntarios. Ayudaron a cuidar a los animales.

Hay muchas maneras de trabajar como voluntario. Algunas personas ayudan en hospitales. Otras ayudan en **hogares de ancianos**. Visitan a las personas o cuidan de ellas.

Otros voluntarios restauran parques o arroyos. Quieren que su comunidad esté cuidada. Algunos plantan flores o árboles. Eso ayuda a mantener el aire limpio.

Algunas ideas para ayudar son fáciles de poner en práctica. Por ejemplo, puedes recoger la basura mientras caminas por la calle. Si cada uno hiciera una acción pequeña, ¡ayudaría mucho!

Marcar la diferencia con el arte

Paige Miller es artista. Trabaja como voluntaria en un teatro diseñando y pintando escenarios. También les enseña ese arte a los niños y a sus padres.

Directores de escuela

Los líderes de las escuelas son los directores. Los maestros y los estudiantes acuden a ellos cuando necesitan ayuda. Los directores se aseguran de que los maestros tengan lo que necesitan. Ayudan a los estudiantes a entusiasmarse por aprender. Las escuelas pueden ser lugares mejores gracias a los directores.

Los directores y las directoras son líderes importantes de las escuelas.

Directora entrenadora de perros

Kimberley Cabrera es directora de una escuela. También entrena a perros guía. Lleva los perros a la escuela todos los días. A sus estudiantes les encanta ver los perros. ¡Los perros también son estudiantes!

Bibliotecarios

Los bibliotecarios tienen mucho trabajo. La mayoría de las personas creen que los bibliotecarios solo ayudan a la gente a buscar libros. Pero hacen más que eso. Ayudan a las personas a aprender. Hacen **investigaciones** y leen cuentos en voz alta. También ayudan a las personas a usar la tecnología.

Estos estudiantes usan la tecnología de la biblioteca.

Biblioteca de alta tecnología

Ali Schilpp trabaja en Maryland. Es bibliotecaria. Convirtió su biblioteca en un lugar especial. Está llena de tecnología genial. ¡Incluso hay robots!

Líderes religiosos

Los grupos **religiosos** también tienen líderes. Esos líderes ayudan a las personas a **rendir culto**. Las personas acuden a ellos cuando necesitan ayuda. Les piden consejos. Estos líderes también pueden apoyar a otros líderes de su comunidad.

Una mujer estudia para ser rabina.

Los líderes religiosos también suelen ayudar a las personas fuera de su comunidad. Pueden hacer viajes para ayudar a personas de otros lugares. Pueden enviar suministros a los necesitados.

El papa

Uno de los líderes religiosos más conocidos es el papa. Es el líder de la Iglesia católica.

¿Podrías hacerlo?

Los líderes de las comunidades ayudan a las personas a las que lideran. Hacen que su comunidad sea un mejor lugar para vivir. Ayudan a proteger a las personas. Escuchan las necesidades de los demás. Las personas confían en sus líderes. Los líderes les muestran cómo cuidarse unos a otros.

¿Tú tienes las cualidades que se necesitan para ser un buen líder?

Piensa y habla

En esta foto, ¿puedes identificar a algún líder?

Glosario

confianza: la seguridad de que uno mismo u otras personas pueden lograr algo

equipamiento: las herramientas que se necesitan para hacer ciertos trabajos

hogares de ancianos: comunidades donde las personas mayores que necesitan cuidados viven juntas

investigaciones: búsquedas de datos sobre un tema

refugio: un lugar donde las personas cuidan a los animales y los ayudan a encontrar un hogar

religiosos: que creen en Dios o en distintos dioses y siguen las prácticas de una fe

rendir culto: rezar u honrar a alguien o algo

trabajo en equipo: el trabajo que se realiza con otras personas

votar: una manera oficial de tomar una decisión

Índice

alcaldes, 10–11

Australia, 15

bibliotecarios, 20–21

Cabrera, Kimberly, 19

directores de escuela, 18–19

entrenadores, 12–13

líderes religiosos, 22–23

Miller, Paige, 17

papa, 23

Salter, Susanna Madora, 10

Schilpp, Ali, 21

voluntarios, 14–17

Civismo en acción

¡Tú puedes ser líder! Puedes trabajar como voluntario. Los buenos ciudadanos ayudan en su comunidad. También animan a otros a ayudar. La siguiente es una manera de hacer una buena acción para ayudar a tu comunidad.

1. Piensa en maneras en las que puedes trabajar como voluntario.

2. Escoge un proyecto.

3. Planifica lo que vas a hacer.

4. Cuéntales a los demás sobre tu proyecto. Pídeles que te ayuden.

5. ¡Ponte a trabajar!

www.ingramcontent.com/pod-product-compliance
Lightning Source LLC
Chambersburg PA
CBHW041506010526
44118CB00001B/37